Die sittliche Pflicht

im

Bürgerlichen Gesetzbuch.

Von

Dr. Leonard Jacobi,
Justizrath und Universitäts-Professor zu Berlin.

Berlin, 1900.
Verlag von H. W. Müller.

Sonderabdruck aus
der Festgabe für Heinrich Dernburg.

Einleitung. — § 1 Pflichtschenkung. — § 2 Zahlung aus Irrthum. — § 3 Ergebnisse.

Ein deutscher Gesetzgeber hat die schwierige Aufgabe, die für ganz Deutschland richtigsten Rechtsgedanken herauszufinden und sie in einem System von ihre Verwirklichung bestmöglichst sichernden Rechtssätzen auszuprägen.

Dazu kommt aber, wie sich bei der mühevollen Herstellung des Bürgerlichen Gesetzbuchs mit besonderer Klarheit herausgestellt hat, noch eine dritte nicht minder wichtige Aufgabe: den Rechtssätzen die praktisch brauchbarste Form zu geben. — Da die Gesetzgebung kein Selbstgespräch des Gesetzgebers ist, auch keine Vorschrift für die Behörden, sondern eine Anrede an die gesammte Bevölkerung, welche freiwillig Folge leisten soll, so ergiebt sich von selbst, daß die Gesetzgebung sich so viel als irgend möglich der Volkssprache bedienen, sich an sie möglichst eng anschließen muß. Dieser Anforderung zu genügen, eine dem Laien möglichst leicht verständliche, dem Sprachgebrauche der Gegenwart sich anschließende Rechtssprache herzustellen, ist eine unentbehrliche Vorarbeit, welche die Wissenschaft dem Gesetzgeber zu leisten hat. Läßt sie es hieran fehlen, so steht er vor einer unlösbaren Aufgabe.[1]

Hiervon ausgehend wurde wiederholt darauf hingewiesen, daß eine Revision der Begriffslehre bezw. der Rechtssprache unaufschiebbar, weil für die gesunde Entwickelung des deutschen Einheitsrechts unentbehrlich sei; für die weitere deutsche Rechtsentwickelung bedürfe es einer sicherern, besseren sprachlichen Grundlage, als sie bisher zur Verfügung stand.[2]

1) S. m. Abhdlg.: „Versprechen und Vertrag" in Jhering's Jahrb. Bd. 35 (1896) S. 9ff; ferner m. Abhdlg.: „Recht, Sitte und Sittlichkeit", ebenda Bd. 41 (1900) S. 70ff.

2) S. m. Abhdlg. a. a. O. Bd. 41 S. 73 und m. Aufsatz: „Deutsche Rechtssprache und Rechtswissenschaft" in der Deutschen Juristenzeitung 1899 S. 499. — Man sagt, daß die Wissenschaft zur Weiterbildung der Begriffswelt vornehmlich be-

Ferner wurde in dieser Richtung unter Anderm namentlich als unzulässig bezeichnet:

der Gebrauch desselben Ausdrucks für wesentlich verschiedene Begriffe bezw. verschiedener Ausdrücke für denselben Begriff; ebenso

sprachwidrige oder zweideutige Uebersetzung aus dem Lateinischen anstatt der deutschen Bezeichnungen und Begriffsunterscheidungen.[3]

Eine Nutzanwendung für diese Sätze ergab u. A. die Thatsache, daß auch nach dem Aufkommen des neuhochdeutschen Wortes „Sittlichkeit“ für das lateinische „boni mores“ (honestas, morum probitas) die nunmehr im deutschen Sprachgebrauch veraltete Uebersetzung „gute Sitten“ in der Rechtssprache und Gesetzgebung bisher beibehalten worden ist.

Da nun andrerseits in der Rechts- und Gesetzessprache die „guten Sitten“ auch als Pleonasmus für Sitte (im Gegensatze zu Unsitte) vorkommen, so bleibt es in vielen Fällen ungewiß, ob die „guten Sitten“ in dieser oder jener Rechtsvorschrift soviel wie „Sittlichkeit“ oder soviel wie „Anstand und Sitte“ bedeuten sollen; — oder ob etwa gar damit ein neuer, bisher unbekannter Mittelbegriff geschaffen sein soll, wie einige Erklärer des B.G.B. behaupten.[4] Bei der hierauf bezüglichen Erörterung sind besonderer Besprechung vorbehalten geblieben die Stellen des B.G.B., in welchen von „sittlicher Pflicht“ die Rede ist.[5] Dieser Besprechung sind die vorliegenden Blätter gewidmet — zu

---

rufen sei. — „Wissenschaft, — sagt ein Historiker, — ist nichts Anderes, als der Versuch, die Welt der Erscheinungen höheren Begriffen und Begriffssystemen zu unterstellen, als sie die Sprache schon darbietet: Wissenschaft ist eine auf einem anderen, als blos gemeinsprachlichem Wege fortgesetzte Begriffsbildung. (Lamprecht. Die kulturhistorische Methode. Berlin 1900 S. 6f.). Solcher Ausspruch illustrirt die Schwierigkeit der gerade jetzt im Aufblühen begriffenen volksthümlichen Hochschulkurse. — Was die praktische, dem Volksleben der Gegenwart dienende Rechtswissenschaft betrifft, so muß es statt der oben angeführten hervorgehobenen Worte heißen: „auf dem durch den Sprachgebrauch, durch Geist und Logik der Sprache gewiesenen Wege.“

3) S. Ihering's Jahrb. Bd. 41 S. 76 und Deutsche Juristenzeitung a. a. O. S. 499.

4) S. z. B. Cosack Lehrbuch Bd. I § 58 S. 172, Endemann Lehrbuch I § 74 II^2 (3. Aufl. S. 319) und in der Kritischen Vierteljahresschrift Bd. 41 (1899) S. 524. Auch Planck B.G.B. II S. 6: „Gegen die guten Sitten verstößt es, wenn sich Jemand etwas rechtsgeschäftlich versprechen läßt, was nach den Geboten der Sittlichkeit und des Anstandes nur auf Grund eines freien Entschlußes geschehen oder unterlassen werden soll.“ — Dazu Prot. I S. 123f. und unten Anm. 53, 54.

5) S. m. Abhdlg. in Ihering's Jahrb. Bd. 41 S. 77 Anm. 18; S. 90f. Anm. 42, 42a.

Ehren eines Mannes, der die Fahne der Ethik im Rechte von je her hoch emporgehalten hat.[6]

Nur in Bezug auf zwei Institute, die Schenkung und die Zahlung einer Nichtschuld, bedient sich das B.G.B. des Ausdrucks „sittliche Pflicht", und zwar jedesmal in der Verbindung:

„sittliche Pflicht oder auf den Anstand zu nehmende Rücksicht".

Diese Verbindung sollte als ganz ungewöhnlich schon auf den ersten Blick auffallen. Denn in dem durch den Sprachgebrauch kundgegebenen Volksbewußtsein, mit dem das Recht Fühlung behalten muß, gehören nicht Sittlichkeit und Anstand zusammen, sondern Anstand und Sitte.

Anstand und Sitte haben das Gemeinsame, daß sie dasjenige äußere Verhalten des sozialen Menschen bedeuten, welches Anstoß in seinem Kreise zu vermeiden bezweckt.[7] — Die Sittlichkeit dagegen ist das einer opinio necessitatis, dem sogen. Gewissen entsprechende Verhalten, beruhend auf dem mehr oder weniger instinktmäßigen Gefühl oder auf dem Bewußtsein, daß solches Verhalten nothwendig sei für das dauernde Wohlergehn der Gesammtheit und des Einzelnen.[8]

Der von Jhering, Der Zweck im Recht, Vorrede S. XX nachdrücklich hervorgehobene Tiefsinn der Deutschen Sprache zeigt sich gerade in der Verbindung von „Anstand und Sitte" in doppelter Richtung. Zunächst ist beiden gemeinsam die Tendenz, Anstoß zu vermeiden und zwar auf Grund von Zwangsmotiven.

Der Zwang aber, auf dem das sittengemäße (sittsame) Verhalten beruht, ist ein äußerer. Man will gesellschaftliche Nachtheile, unter Umständen auch Zusammenstoß mit dem Strafgesetz (grober Unfug, öffentliches Aergerniß), mit der Polizei oder den Disziplinargesetzen vermeiden.

Dagegen ist der Zwang, auf dem das anständige Verhalten be-

---

6) S. Dernburg Pandekten Bd. II § 116 Anm. 6 (Rechnungslegung des Mandatars); Bd. III § 26 Anm. 8 (Unterhaltsanspruch der geschiedenen Ehefrau).

7) S. Jhering Der Zweck im Recht (2. Aufl. 1886) II S. 243 ff., 295 ff., 384 ff.

8) S. Jhering a. a. O. II S. 91 ff., 115 ff. — Ebenda S. 262 ff. führt Jhering aus, die Unsitte verhalte sich zum Unmoralischen, wie das Polizeiwidrige zum Rechtswidrigen, das blos Gefährliche zum Schädlichen. Die Sitte habe eine prophylaktische Bestimmung; sie sei die Sicherheitspolizei des Sittlichen. Die Sitte sei wesentlich lokalisirt, von beschränkter und hypothetischer Geltung, als Landes-, Standes-, Orts-Sitte, zum Theil beschränkt auf die höheren Stände. — S. auch m. Abhdlg. in Jhering's Jahrb. Bd. 41 S. 80 f., 111 Anm. 70. Ausnahmsweise kommt die Sittlichkeit in einem engern (geschlechtlichen) Sinne vor, z. B. Strf.G.B. §§ 171—184, B.G.B. § 847 Abs. 2.

ruht, ein innerer, die Gewöhnung des Willens durch Erziehung und gutes Beispiel.

Die Anständigkeit steht also auf höherer Stufe der Moral, als die Sitte; ihre Voranstellung im Sprachgebrauch ist nicht zufällig, sondern tief begründet.

Die Sittlichkeit im eigentlichen Sinne hat vor Anstand und Sitte den großen ethischen Vorzug, daß sie auf Motiven beruht, die vom Zwange überhaupt unabhängig dem Gebiete der Freiheit angehören.[8a] Ihnen entspringt eine selbstlose, lediglich auf Beförderung des Gemeinwohls gerichtete Handlungsweise.

Dieser Gegensatz enthält zugleich den Grund einer Erscheinung, welche gerade für den Juristen von fundamentalem Interesse ist; nämlich den Grund für die total verschiedene Stellung, welche die Rechtsordnung einnimmt zu Anstand und Sitte einerseits, zur Sittlichkeit andrerseits.

Der moderne Rechtsstaat überläßt es im Gegensatze zu früheren patriarchalischen Zuständen grundsätzlich der Privatthätigkeit der betroffenen Kreise, mit den ihnen zu Gebote stehenden Mitteln für die Aufrechterhaltung von Anstand und Sitte selbst zu sorgen. Die Erziehung der Erwachsenen durch Kleiderordnungen, Luxusgesetze und dergl. hat er im Allgemeinen aufgegeben. Die auch im modernen Staate unentbehrliche Sittenpolizei sowie die Disziplinargesetze und Dienstvorschriften für Beamte liegen theils außerhalb des eigentlichen Rechtsgebiets, theils sind sie Ausnahmen, welche die Regel bestätigen.[9]

Hinsichtlich der Sorge für die öffentliche Sittlichkeit dagegen ist

---

8a) Diese Sittlichkeitsmotive sind: das Gefühl dauernder Befriedigung, bezw. auf noch höherer Stufe die Vorstellung des sittlichen Lebensideals. S. Wundt, Ethik (2. Aufl. 1892) S. 386 ff. — Recht und Staat freilich, als lediglich äußere Gesellschaftsordnungen, können sich auf Erforschung von Motiven grundsätzlich nicht einlassen. Sie befördern gleichwohl die Sittlichkeit indirekt in doppelter Weise, nämlich durch Unterdrückung der Unsittlichkeit, welche Unterdrückung eine Rückwirkung von außen nach innen zur Folge hat; 2) durch Belohnung gemeinnütziger Leistungen vermittelst öffentlicher Auszeichnung. Letzteres hat freilich den Nachtheil, daß dadurch auch Eitelkeit und Ehrgeiz angelockt werden. Durch dieses, den gemeinnützigen Zwecken höchst förderliche Moment wird aber die Sittlichkeit der Motive in Frage gestellt und werden dieselben dadurch für die ethische Bedeutung entwerthet. — Vergl. Anm. 44.

9) Diese Ausnahmen sind gerechtfertigt durch die oben (in Anm. 8) angedeutete prophylaktische Funktion der Sitte und somit auch der sie reglementirenden Vorschriften zu Gunsten der Sittlichkeit. Nur solche vorbeugenden Normen betrifft wohl auch der Ausspruch von O. Baehr, der Rechtsstaat (1864): „Gefahr für die Sittlichkeit“ sei ein Begriff, in dessen Inneres eine lediglich vom Rechtsstandpunkt ausgeübte Beurtheilung nicht einzudringen vermag.“

der Rechtsstaat als Organisation der Gesellschaft genöthigt, die letztere in weiterm Umfange zu vertreten, weil die Gesellschaft als solche geeignete Organe zur Feststellung und Vollstreckung nicht besitzt.[10] — Er thut dies negativ, indem er unsittlichen Rechtsgeschäften und Auslandsgesetzen die Anerkennung versagt,[11] positiv, indem er dem durch unsittliches Verhalten Verletzten Rückforderungs- und Entschädigungsansprüche zubilligt.[12]

Angesichts dieser entgegengesetzten Position der Rechtsordnung zum Anstande und zur Sittlichkeit muß es auffallen, daß das B.G.B., wie erwähnt, beide gelegentlich neben einander stellt. Es sollen daher hier zunächst die betr. Vorschriften vorgeführt, demnächst die sich ergebenden Zweifelsfragen besprochen werden.

§ 1. Die Pflichtschenkung.

„Der letzte Zweck jeder Handlung besteht in der Befriedigung eines Bedürfnisses des Handelnden."[13] — Vergleicht man diesen Erfahrungssatz mit der hergebrachten Definition, daß die Schenkung sich durch den Zweck kennzeichnet, den Beschenkten aus dem Vermögen des Schenkers zu bereichern, so erscheint die Handlungsweise des Schenkers als räthselhaft, wenn nicht geradezu als unvernünftig.

In Wirklichkeit verfolgt indessen der Schenker andere, für das Rechtsinstitut der Schenkung aber zunächst nicht maßgebende Zwecke. Die Zusammenfassung mannigfaltiger Rechtshandlungen ohne Rücksicht auf Zweck und Realisirungsform unter dem Schenkungsbegriff beruht vielmehr auf der vermögensrechtlichen Wirkung, welche wegen des Fehlens einer materiellen causa als bedenklich erscheint.[14] — Die

---

10) Paulsen System der Ethik 3. Aufl. Bd. II (1894) S. 299: „Die Schwäche dieses Gerichtshofes (der öffentlichen Meinung) beruht darauf, daß er kein geordnetes Verfahren hat, also keine Gewähr für die Richtigkeit des Urtheils bietet; die Zeugen sind unzuverlässig, die Vertheidigung fehlt oder ist mangelhaft, das Verfahren heimlich und der Gegner wird nicht gehört."

11) Unsittliche Rechtsgeschäfte sind nichtig § 138 B.G.B.; die Anwendung derartiger ausländischer Gesetze ausgeschlossen. Art. 30 Einf.Ges. (s. unten Anm. 52—54).

12) Der unsittliche Empfang verpflichtet zur Herausgabe §§ 817, 819 B.G.B.; vorsätzliche Schadenszufügung verpflichtet zum Schadenersatz, wenn sie zwar nicht widerrechtlich aber unsittlich ist § 826 B.G.B. (s. unten Anm. 52—54).

13) Hoelder Pandekten I S. 282.

14) Lenel Die Lehre von der Voraussetzung, im Archiv für civil. Praxis 74 (1889) S. 230 ff. — S. auch Reatz Die Schenkung, in den Gutachten aus dem Anwaltstande über die erste Lesung des Entw. des B.G.B. (Berlin 1890) S. 185 ff.

praktische Seite der Sache zeigt sich meistens darin, daß die Unentgeltlichkeit (der animus donandi) von dem, der sich darauf beruft, dargelegt werden muß, falls Rückgabe gemachter Zuwendungen, oder für geleistete Dienste, gewährten Unterhalt und dergl. Bezahlung hinterher beansprucht wird.

Der wirkliche Beweggrund und Zweck des Handelns liegt naturgemäß auch bei der Schenkung in der Beförderung eigener, nur nicht gerade vermögensrechtlicher, Interessen des Schenkers. Sein Interesse fällt in der Regel unter einen der folgenden Gesichtspunkte:

1. Bedürfniß der Wohlthätigkeit und der Förderung des Gemeinwohls.[15]
2. Vermeidung von Verstößen gegen Anstand und Sitte.[16] Endlich
3. Abwehr lästiger Zumuthungen oder drohender Gefahren.[17]

Wenn aber die unter dem Begriffe der Schenkung zusammengefaßten unentgeltlichen Zuwendungen als Gegenstand der Rechtsordnung einem Sonderrechte unterliegen, so hat dies darin seinen Grund, daß die Schenkung aus dem Rahmen der gewöhnlichen Verkehrsgeschäfte herausfällt. Im Allgemeinen erscheint sie als unwirthschaftlich. Sie liegt regelmäßig außerhalb der ordentlichen Vermögensverwaltung, namentlich auch außerhalb der Befugnisse eines Verwalters fremden Vermögens.

Das in Rede stehende Sonderrecht besteht im Wesentlichen:

a) in einer Fürsorge für den Schenker durch Formvorschriften, durch Einschränkung seiner Haftung und durch Einräumung von Rückforderungs- und Widerrufsrechten;[18]
b) in dem Schutze Dritter durch Einräumung von Anfechtungsrechten;[19] endlich

---

15) Reatz a. a. O. S. 186 ff. — Von solchen Schenkungen handeln §§ 1043 1044, 1073 ff. Th. I, Tit. 11 Allg. Preuß. Landrechts; a 913, 937 Code civil.

16) Hierher gehören die Hochzeits-, Pathen-, Neujahrs-, Weihnachts- und andere Gelegenheitsgeschenke, hinsichtlich deren Ihering a. a. O. II S. 282 f. von einem Liberalitätszwange spricht, weil sie unter dem Drucke der öffentlichen Meinung geleistet werden.

17) Z. B.: ich schenke dem X., der mich um ein Darlehn von 300 M. ersucht, um ihn los zu werden, 30 M. Ferner gehören hierher durch Drohungen erpreßte Schweigegelder, — in gewissem Sinne auch Zuwendungen an die Kirche im Interesse des Seelenheils.

18) S. §§ 518—524, 527—533 B.G.B.

19) Z. B. Gläubiger: § 32 R.Konk.O. (Fassung vom 20. Mai 1898), § 3 Ziff. 3 und 4 des Anfechtungsgesetzes vom 21. Juli 1879. Pflichttheilsberechtigte: §§ 2325 ff. B.G.B.

c) in Spezialvorschriften für solche Fälle, die eine Gefahr des Mißbrauchs besonders nahe legen.[20]

Für die Anwendung dieses Sonderrechts ist natürlich nicht der Umstand entscheidend, daß eine beliebige Zuwendung als Schenkung bezeichnet wird, sondern ob sie Schenkung im rechtlichen Sinne wirklich ist. In vielen Fällen gilt die angebliche Schenkung nicht als solche;[21] unendlich häufig gelten Zuwendungen ohne Weiteres als Geschenk, wenn auch die Bezeichnung als solches unterlassen bezw. absichtlich vermieden wird.[22]

Es kommen aber auch die oben erwähnten nicht vermögensrechtlichen Beweggründe und Zwecke des Schenkers wenigsten indirekt insoweit zur Geltung, als eben um dieser Zwecke willen das Sonderrecht in gewissem Umfange — als für diese Fälle nicht passend — außer Kraft gesetzt wird.

Die unter diesem Gesichtspunkte in Betracht kommenden Vorschriften des B.G.B. sind folgende:

1. Der Schenker hat einen Einwand bezw. ein Rückforderungsrecht wegen mangelnden Unterhalts § 528, ein Widerrufsrecht wegen groben Undanks § 530.
2. Zu Schenkungen aus dem Gesammtgute bedarf er der Einwilligung seiner Ehefrau § 1446.
3. Schenkungen, die der Vater in Vertretung des Kindes, der Vormund in Vertretung des Mündels aus dessen Vermögen macht, sind ungültig §§ 1641, 1804.
4. Schenkungen des Vorerben aus dem Nachlasse zum Nachtheile des Nacherben sind unwirksam § 2113. — Ebenso unentgeltliche Verfügungen des Testamentsvollstreckers über Nachlaßgegenstände § 2205.
5. Schenkungen des Erblassers, durch welche das Pflichttheilsrecht geschmälert wird, begründen einen Ergänzungsanspruch nach §§ 2325 ff.

Diese Sondervorschriften sind es, welche in den §§ 534, 1446, 1641, 1804, 2113, 2205 und 2330 für gewisse Schenkungen außer Kraft gesetzt werden; und zwar bezeichnet das B.G.B. diese insoweit privilegirten Schenkungen hier überall gleichlautend als solche:

---

20) Ehegatten bei freier Privatscheidung, Verwalter fremden Vermögens.

21) S. z. B. Sächs. B.G.B. § 1051, Oesterr. B.G.B. § 942, Allg. Preuß. Landr. Th. I, Tit. 11 §§ 1046—1057.

22) S. Allg. Preuß. Landr. a. a. O. §§ 1041—1045.

durch die einer sittlichen Pflicht oder einer auf den Anstand zu nehmenden Rücksicht entsprochen wird.

Die Ausnahme erscheint als gerechtfertigt, soweit es sich um das oben (S. 8 unter Nr. 2) gedachte Bedürfniß handelt, Verstöße gegen Anstand und Sitte zu vermeiden. Das trifft zu bei den sogen. Gelegenheitsgeschenken, d. h. solchen Geschenken, die bei gewissen Gelegenheiten erwartet werden, z. B. zu Ostern, zu Weihnachten, zu Neujahr, bei Geburtstagen, Taufen, Hochzeiten und zu Jubiläen. Sie sind Anstandsschenkungen insoweit, als ihre Unterlassung gesellschaftlich als unanständig gilt. Die Rechtsordnung erkennt an, daß dieser Anstandsrücksicht gegenüber bei solchen Geschenken die vermögensrechtliche Wirkung ganz in den Hintergrund tritt. Dadurch rechtfertigt sich ihre Befreiung von den oben unter 1 bis 5 gedachten Sondervorschriften. — Anders liegt die Sache hinsichtlich derjenigen Schenkungen, durch welche einer „sittlichen Pflicht" genügt werden soll.

Bisher wurde angenommen, daß unter Umständen der Empfang einer Schenkung unsittlich sein, oder daß sie zu unsittlichen Zwecken gemacht werden kann.[23]

Das B.G.B. geht aber in den bezüglichen Vorschriften ihrem Wortlaute nach von der Voraussetzung aus, daß auch die Unterlassung von Schenkungen im Rechtssinne unsittlich sein kann.

Diese Aufstellung einer — wenn auch nicht klagbaren — Rechtspflicht zu schenken ist ganz neu. Es fehlt in den Materialien an jeder Andeutung darüber, an welche (von den Anstands- und Gelegenheitsgeschenken verschiedene) Arten von Schenkungen dabei zu denken sei.

Die bisherige Litteratur findet freilich nichts Auffallendes in dieser Neuerung. Sie beschränkt sich überhaupt auf wenige kurze Bemerkungen.

So sagt Kuhlenbeck,[24] daß unter § 534 auch remuneratorische Schenkungen fallen, nämlich alle diejenigen, die zwar nicht durch Rechtspflicht, wohl aber durch Sitte, sittliche Pflicht und Anstand geforderte Belohnungen darstellen, wie Trinkgelder, Weihnachtsgeschenke an Dienstboten oder Angestellte und dergl.

Oertmann[25] bemerkt, der Begriff kreuze sich mit dem bisherigen der remuneratorischen Schenkung. Er sei einerseits viel weiter, anderer-

23) Unsittlichkeit des Gebers schließt die Rückforderung aus; L. 3, L. 4 § 3, D. 12. 5 de cond. ob turp. v. inj. causam; bezw. überträgt das Rückforderungsrecht auf den Fiskus, Allg. Preuß. Landr. I 16 § 173. S. auch Oesterr. B.G.B. § 1174, code civil Art. 1131, 1133, Sächs. B.G.B. § 1540.

24) Das Bürgerliche Gesetzbuch I S. 367.

25) Kommentar zum Recht der Schuldverhältnisse S. 253f.

seits werde man kaum sagen können, daß wer aus Dankbarkeit seinem Arzt über das Honorar hinaus eine werthvolle Dedikation macht, nur einer „sittlichen Pflicht“ genüge. — „Man hätte vielleicht besser gethan, diese privilegirten Schenkungen überhaupt nicht unter den Schenkungsbegriff zu bringen.“

Endemann[26] macht zu § 534 folgende Anmerkung: „Es ist indessen weiter zu gehn. Viele danach gebotene Leistungen, wie die Unterstützung kranker entfernter Verwandter und Freunde, die Beiträge zu wohlthätigen Zwecken oder zur Errichtung eines Denkmals u. s. f. gelten nach der guten Verkehrsanschauung überhaupt nicht als Schenkung. Die socialen nnd sittlichen Verpflichtungen sind in dem Sinne als naturales obligationes anzuerkennen, daß ihre Erfüllung nicht als unentgeltliche Vermögensverschiebung gilt.“

Auch Stammler[27] findet in der Einführung der „sittlichen Pflicht“ als Norm die Feststellung einer naturalis obligatio und erklärt sich mit diesem Schritte des B.G.B. einverstanden. — Wir kommen hierauf in den §§ 2 und 3 zurück.

André bei Planck und Schollmeyer schweigen. — Cosack[28] wiederholt lediglich die Worte des Gesetzes, bezeichnet aber in seiner Inhaltsübersicht die Schenkungen des § 534 als solche, welche durch Anstand und Sitte geboten sind.

§ 2. Zahlung aus Irrthum.

Bezüglich der Zahlung einer Nichtschuld bestimmt das Allg. Preuß. Landrecht Th. I Tit. 16 in

§ 165: „Durch eine ohne Vorbehalt geleistete Zahlung gehn in der Regel die Einwendungen, welche der Zahlende dem Andern hätte entgegensetzen können, verloren.“

§ 166: „Doch kann das, was auf dem Grund einer vermeinten, aber nicht wirklich vorhandenen Verbindlichkeit und also aus Irrthum bezahlt worden, nach den hier folgenden näheren Bestimmungen zurückgefordert werden.“

Zu diesen Bestimmungen gehört nach § 178 a. a. O. in erster Linie:

„daß für die Person des Zahlenden gar keine, auch nicht eine

26) Lehrbuch des bürgerl. Rechts I (3. Aufl. 1897) S. 741 Anm. 15.

27) Das Recht der Schuldverhältn. in seinen allgemeinen Lehren (1897) S. 35.

28) Lehrbuch des Deutschen bürgerl. Rechts I (1897) S. 491; Inhaltsübersicht S. XI.

bloß moralische Verbindlichkeit zur Zahlung vorhanden gewesen sei."

Die „moralische Verbindlichkeit", wie man es sonst zu nennen pflegt: die Naturalobligation, schließt also die Rückforderung aus bezw. begründet das Recht, die Rückzahlung zu verweigern (soluti retentio). Und zwar ist diese sogen. „Zahlbarkeit" gemeinrechtlich die charakteristische Minimalwirkung der klaglosen und insofern unvollkommenen Verbindlichkeiten. Andere Wirkungen kommen ebenfalls vor, aber nicht bei jeder Naturalobligation. „Möglich, — sagt Dernburg,[29] — ist bei ihnen jede Wirkung der vollkommenen Obligation, abgesehen von der Klage. Doch ihre vorzüglichste Wirkung ist ihre Zahlbarkeit, d. h. daß die zu ihrer Erfüllung geschehene Leistung rechtlich als Zahlung der Schuld betrachtet wird."

„Das Dasein solcher unvollkommenen Obligationen beruht auf dem Gegensatze zwischen der bürgerlichen Gesellschaft und dem Staate."

„Gewisse Verbindlichkeiten respektirt die bürgerliche Gesellschaft theils mit Rücksicht auf merkantilen Kredit und Ruf, theils als Postulate der Sitte und des Anstandes, während ihnen der Staat aus rechtspolitischen Gründen den Weg der Klage verschließt. Sie sind also dem Staate fremd; dennoch sieht er sich veranlaßt, eine gewisse Einwirkung solcher sogen. natürlicher Verbindlichkeiten auf seine Ordnungen anzuerkennen."

„Was die Sitte fordert, bildet wenigstens in dem Sinne eine Naturalobligation, daß das ihr gemäß Geleistete nicht zurückgefordert werden kann."

In dieser gewiß zutreffenden Darlegung des Wesens der Naturalobligation ist — abgesehen von dem merkantilen Kredit — nur von der Rücksicht auf Anstand und Sitte die Rede. Das B.G.B. bestimmt dagegen in § 814:

> „Das zum Zwecke der Erfüllung einer Verbindlichkeit Geleistete kann nicht zurückgefordert werden, wenn der Leistende gewußt hat, daß er zur Leistung nicht verpflichtet war, oder wenn die Leistung einer sittlichen Pflicht oder einer auf den Anstand zu nehmenden Rücksicht entsprach."

Statt der Sitte tritt hier die „sittliche Pflicht" auf. Das kann entweder als die Einführung eines ganz neuen Prinzips aufgefaßt

---

29) Pandekten II (5. Aufl.) § 4 S. 9f., § 5 S. 15. — Für den vorliegenden Zweck genügt das im Texte Gesagte. Auf mehr oder weniger abweichende Auffassungen über die Herkunft der naturalis obligatio (s. darüber Windscheid Pand. II § 287 Anm. 5) braucht hier nicht eingegangen zu werden. S. jedoch Anm. 60.

werden oder als ein Vergreifen im Ausdruck, etwa als verunglückte Uebersetzung der „moralischen Verbindlichkeit“ des § 178 Th. I Tit. 16 Allg. Preuß. Landrechts.

Für eine dieser beiden Alternativen werden wir uns zu entscheiden haben.

Nach Endemann[30] werden die zur Erfüllung sittlicher Pflichten gemachten Leistungen nicht als ungerechtfertigte Bereicherung angesehen. Es liegt eine halbe rechtliche Anerkennung vor. „Die Rechtsordnung, — fügt er weiterhin hinzu, — schließt die Rückforderung da aus, wo Anstand und Sitte die Leistung erfordern, auch wenn in irrthümlicher Annahme eine Zahlungspflicht erfüllt wurde.“

Oertmann[31] bemerkt zu den Worten „die Leistung einer sittlichen Pflicht“: Dieser Halbsatz enthalte eine vom rechtspolitischen und ethischen Standpunkte aus sehr beifallswerthe Neuerung. Hier handle es sich allgemein um Leistungen, nicht, wie im § 534 um Schenkungen.

Er rechnet hierher in Uebereinstimmung mit Andern,[32] aber im Gegensatze zu den Motiven II S. 833 auch den Fall, daß der Gemeinschuldner seine Gläubiger über die im Zwangsvergleich oder freiwilligen Akkord hinaus festgesetzte Rate befriedigt. „Es wäre traurig und würde dem „sozialen Ideal“[33] schnurstracks zuwiderlaufen, wenn man die moralische Verbindlichkeit der Gemeinschuldner, ihre Gläubiger nach Kräften voll auszubezahlen, von Rechtswegen verleugnen wollte.“

Cosack[34] findet den § 814 übereinstimmend mit der sogen. Naturalobligation des bisherigen Rechts.

Eingehender spricht sich Stammler[35] aus. Er sagt, man habe aus

---

30) A. a. O. I S. 419; S. 420 Anm. 8.

31) A. a. O. S. 543 Anm. 4.

32) Dernburg a. a. O. II § 5 S. 15, und: Das bürgerl. Recht des Deutschen Reichs und Preußens II (1899) S. 11; Meisner Recht der Schuldverhältnisse S. 282 Anm. 4. Kuhlenbeck a. a. O. I S. 563 Anm. 1.

33) Zur Erklärung dieses Citates dient Stammler a. a. O. S. 47: „Der Gedanke vom socialen Ideal bedeutet nicht die sinnreiche Erdichtung der inhaltlich ausgeführten Rechtsordnung eines paradiesischen Gemeinwesens; er besagt vielmehr eine allgemeingültige formale Methode, empirisch auftretenden Rechtsstoff zu messen und zu behandeln, zu beurtheilen und zu richten. — Das sociale Ideal ist ein formales Richtmaß, aber keine inhaltlich vollkommene Rechtsordnung.“ S. auch ebenda S. 32 ff. — Vergl. auch Jhering Der Zweck im Recht II S. 120 ff. über die von ihm sogen. geschichtlich-gesellschaftliche Theorie der Ethik; Kohler im Arch. für bürgerl. Recht V S. 161 ff.

34) A. a. O. S. 607 Anm. 4.

35) A. a. O. S. 31 f., 35, 53.

gewissen Einzelentscheidungen der römischen Quellen[36] im gemeinen Rechte den in Rede stehenden Satz abstrahirt und in der gerichtlichen Praxis öfter zur Anwendung gebracht. Während aber im gemeinen Rechte dieser Satz niemals allgemeine Anerkennung erlangte, habe jetzt das B.G.B. mit vollem Rechte die Erfüllung einer sittlichen Pflicht als diejenige einer natürlichen Rechtsverbindlichkeit (naturalis obligatio)[37] eingeführt und aufgestellt, damit aber freilich der Praxis eine nicht ganz leicht zu lösende Aufgabe überwiesen.[38] „Es werden dadurch sehr gesteigerte Anforderungen an unsere Richter und Anwälte gestellt."

Worin diese gesteigerten Anforderungen bestehen sollen, kann nicht zweifelhaft sein; denn nach Stammler[39] soll einerseits der Maßstab der sittlichen Pflicht ein objektiv richtiger sein, andererseits dürfen juristische Zweifelfragen nicht gemessen werden an der geträumten Utopie eines Idealstaates.

Die Aufgabe würde hiernach in der Ermittelung und Feststellung dessen bestehen, was zur Zeit als sittlicher Pflicht entsprechend auf dem Gebiete unvollkommener Verbindlichkeiten (und Schenkungen) in Deutschland allgemein anerkannt ist, bezw. die Unterlassung welcher nicht einklagbaren Leistungen (und welcher Schenkungen) allgemein als unsittlich gilt.[40]

---

36) L. 26 § 12, L. 32 § 2, D. 12. 6, de cond. ind.

37) Stammler a. a. O. S. 28 ff. führt als im B.G.B. anerkannte Fälle einer natürlichen oder unvollkommenen Verbindlichkeit auf: 1) Verjährung §§ 222 Abs. 2, 223, 479, 490 Abs. 3. — 2) Gebühr für Heirathsvermittelung § 650. — 3) Spiel und Wette §§ 762 ff. — 4) Leistung zu unsittlichem Zwecke § 817. — 5) Leistung auf Grund sittlicher Pflicht: §§ 814, 534, 1446 Abs. 2, 1641 Abs. 2, 1804 Abs. 2, 2113 Abs. 2 und 2330. — S. auch Planck B.G.B II S. 6, Endemann Lehrbuch I S. 417 ff., Dernburg Das bürgerl. Recht 2c. II S. 9 ff. Unten Anm. 60.

38) „Denn in welcher Ueberlegung, in was für einem Beweisgange hat der Richter nun festzustellen, wann die Voraussetzungen einer sittlichen Pflicht und danach einer ihr gegenüber stehenden objectiv begründeten Forderung vorhanden sind?"

39) A. a. O. S. 32 f., 47. [Oben Anm. 33.]

40) So Lotmar Der unmoralische Vertrag (1896) S. 92, 95. Nach Fischer-Henle Bürgerliches Gesetzbuch. Handausgabe (2. Aufl. 1898) Anm. 1 zu § 138 B.G.B. sollen maßgebend sein: Die Anschauungen und Gepflogenheiten des ganzen Volkes; nach Kohler Archiv für bürgerliches Recht 12 S. 325 f.: das Ideal eines wenn auch nicht vollkommenen, so doch lautern und makellosen Menschen nach den Vorstellungen, die in den Besten der Nation leben. Zustimmend Meisner das bürgerl. Gesetzbuch, Allg. Theil S. 130. — Es ist jedoch immerhin festzuhalten, daß ideale Anforderungen der Gesetzgeber nur für sich selbst, nicht für die Allgemeinheit aufstellen darf.

Man erinnert sich hierbei unwillkürlich des Ausspruchs von v. Liszt[41] bezüglich der sogen. illoyalen Handlungen des § 826:

„Es ist eitel Selbsttäuschung, wenn man meint, daß in allen Theilen des Deutschen Reichs und in allen Klassen der Bevölkerung dieselben Anschauungen über das herrschen, was die „guten Sitten“[42] verlangen, und was sie verbieten.“

§ 3. Ergebnisse.

Nach den bisherigen Erörterungen würde anzunehmen sein, daß durch die besprochenen Bestimmungen des B.G.B. zwei die Lehren von den Naturalobligationen und von den Schenkungen betreffende Neuerungen eingeführt sind.

I. Die eine Neuerung bestände darin, daß das B.G.B. Naturalobligationen kennt, die nicht zahlbar sind, — denn zahlbare Schenkungen kann es nicht geben. — Die Eigenthümlichkeit dieser neuen Naturalobligationen bestände vielmehr darin, daß ihre Erfüllung gestattet ist:

a) den Verwaltern gemeinschaftlichen bezw. fremden Vermögens: Ehegatten, Eltern, Vormündern, Testamentsvollstreckern §§ 1446, 1641, 1804, 2205;

b) gegenüber Nacherben und Pflichttheilsberechtigten. §§ 2113, 2330.

Man könnte hiergegen einwenden, daß diese Vorschriften mit dem Begriffe der Naturalobligation nichts zu thun haben. Es handle sich eben nur um eine Art privilegirter Schenkungen; wie es z. B. auch privilegirte Einreden giebt, welche die Verjährung nicht hemmen (§ 202 Abs. 2) oder privilegirte Fristen, auf welche ausnahmsweise die Verjährungsvorschriften §§ 203, 206, 207 Anwendung finden.[43]

Dieser Einwand ist indessen unhaltbar. Denn, wie bereits oben erwähnt, besteht das Wesen der Naturalobligation nicht sowohl darin, daß sie gewisse sich überall gleichbleibende Wirkungen äußert, als vielmehr darin, daß ein Einfluß der gesellschaftlichen Anschauung auf die Rechtsordnung überhaupt vorliegt; eine beschränkte, nicht bis zur Klagbarkeit hinaufreichende Anerkennung jener Anschauungen durch das Recht.

Behält man dieses Merkmal als das entscheidende im Auge, so

41) Die Delictobligationen im System des B.G.B. (1898) S. 43; s. auch ebenda S. 72 f.

42) Ueber die „guten Sitten“ s. unten Anm. 52—54.

43) S. §§ 210, 212, 215; §§ 802, 1002, 1944, 1954, 2082 B.G.B.

fallen die privilegirten Pflicht- und Anstandsschenkungen in der That unter den Begriff der sogen. natürlichen oder unvollkommenen Verbindlichkeit.

II. Als die zweite Neuerung des B.G.B. würde die rechtliche Anerkennung einer Sittlichkeitspflicht zu Schenkungen zu betrachten sein.

Im ethischen Sinne kann von einer Pflicht zu schenken allerdings die Rede sein, wo der Schenker das Bedürfniß der Wohlthätigkeit als eine Gewissenspflicht empfindet, und diesem Bedürfnisse durch materielle Opfer genügt. Man könnte in dieser Beziehung etwa unterscheiden:

1. Nothschenkungen, veranlaßt durch Unglücksfälle (Erwerbsunfähigkeit bezw. Ueberschwemmung, Krieg, Hungersnoth u. s. f.), von denen einzelne Personen und Familien oder ganze Ortschaften, Kreise, Länder oder Provinzen betroffen werden.
2. Freundschaftsschenkungen, d. h. Bethätigung des Familiensinnes oder persönlicher Zuneigung durch Unterhalt oder Unterstützung von Verwandten oder sonst nahestehenden Personen ohne daß eine gesetzliche Unterhaltspflicht besteht.
3. Religiöse Schenkungen zur Bethätigung kirchlichen Sinnes bezw. aus Sorge für das Seelenheil.
4. Wohlfahrtsschenkungen im Interesse der Armenpflege, der Krankenpflege, der Gesundheitspflege und dergl. Endlich
5. Bildungsschenkungen für Volksbildung, Unterrichtswesen, Kunst und Wissenschaft.

Die ethische Verpflichtung zu solchen Zuwendungen, welche man im Gegensatze zu den bloßen Gelegenheits- und Anstandsschenkungen als Humanitätsschenkungen[44] zusammenfassen könnte, soll also jetzt — nach dem Wortlaute des B.G.B. — als (nicht klagbare) Rechtsverbindlichkeit anerkannt sein.

Ist diese Neuerung wirklich beabsichtigt und sollte sie als durch das Gesetz verwirklicht anerkannt werden müssen, so wäre sie von unermeßlicher Tragweite. — Bis jetzt ist der Zustand in Deutschland der, daß derartige Humanitätsschenkungen als lobenswerth anerkannt werden, soweit sie zur Kenntniß kommen. Bedeutende Schenkungen dieser Art pflegen, umsomehr als sie vorläufig noch verhältnißmäßig selten sind, auch in der Oeffentlichkeit anerkannt zu werden; — in Ermangelung anderer Auszeichnungen wenigstens durch öffentliche

44) Den Charakter der Humanitätsschenkung behalten vermöge ihres offenkundigen Zwecks solche Zuwendungen auch dann, wenn ihnen eigennützige Motive, wie Eitelkeit, Ehrgeiz, Heuchelei oder Aberglaube zu Grunde liegen. S. oben Anm. 8a.

Belobigung in der Presse. Gemeinnützige Zeitschriften pflegen sie auf besonderen Ehrentafeln zu verzeichnen.

Man kann sich nun allerdings einen idealen Zustand vorstellen, in welchem es als selbstverständliche sittliche Pflicht der Vermögenden gilt, ihren Ueberfluß bezw. einen verhältnißmäßigen Theil ihres Einkommens oder Kapitalvermögens humanen Zwecken zu widmen, folglich die gänzliche oder theilweise Unterlassung solcher Zuwendungen den Vorwurf der Unsittlichkeit begründet.[45]

Die Fragen, ob solcher Zustand unbedingt wünschenswerth, oder vielleicht auch verderblich oder doch gefahrbringend? ob er als sicher bevorstehend oder umgekehrt als unerreichbar zu betrachten? können füglich auf sich beruhen.

Denn entscheidend für die Rechtspflege ist das Volksbewußtsein der Gegenwart. Darüber aber wird füglich kein Zweifel sein, daß das allgemeine Volksbewußtsein jenem Idealzustande zur Zeit noch keineswegs entspricht.

Es dürfte namentlich zur Zeit dem richterlichen Ermessen kaum möglich sein, zu entscheiden, geschweige auch nur annähernd feste Grundsätze dafür aufzustellen, unter welchen Voraussetzungen und in welchem Umfange unentgeltliche Zuwendungen auf Grund sittlicher Verpflichtung aus eigenem oder fremden Vermögen gemacht werden dürfen bezw. gemacht werden müssen.[46]

Man darf hierbei nicht vergessen, daß bei Abfassung des B.G.B von dem Grundsatze ausgegangen ist:

> Die dem gegenwärtigen Rechtsbewußtsein am meisten entsprechenden Rechtsgedanken zu kodifiziren und eine Fortbildung nur insoweit eintreten zu lassen, als die bezügliche geschichtliche Entwickelung bereits zum Abschlusse reif erschiene oder als veränderte wirthschaftliche und soziale Verhältnisse eine Aenderung erheischen.[47]

---

45) Wie es in Rückert's Makamen des Hariri (Die Unterhaltung in der Moskee) heißt: „Sie sehen sich als Verwalter nur — der gottverliehnen Hab' an".

46) Die Möglichkeit einer solchen Feststellung ist dem Wortlaute des Gesetzes nach in § 534 bezw. §§ 1446, 1641, 1804, 2113, 2205, 2330 B.G.B. vorausgesetzt. — Man darf wohl ohne Weiteres feststellen, daß „die Besten der Nation" (s. oben Anm. 40) schon heute eine moralische Verpflichtung nicht nur anerkennen, sondern auch thatsächlich üben, einen verhältnißmäßigen (?) Theil ihres Einkommens wohlthätigen Zwecken zuzuwenden. Aber hier fragt sich: wollte der Gesetzgeber die sogen. „obern Zehntausend" mit Ausnahme jener Besten durch Rechtsatz für unsittlich erklären? konnte er es thun auf Grund des deutschen Volksbewußtseins der Gegenwart?; und hat er es durch obige Bestimmungen gethan?

47) Planck Das bürgerliche Gesetzbuch I S. 18.

Da nun bei Berathung der in Rede stehenden §§ von dem Vorhandensein dieser Voraussetzungen einer Fortbildung des bestehenden Rechtes und einer dem entsprechenden Aenderung desselben nirgends die Rede gewesen ist,[48] so ergiebt sich der meines Erachtens zwingende Schluß, daß die hier in Rede stehenden §§ überhaupt nur auf solche Geschenke bezogen werden dürfen, welche, um nicht gegen Anstand und Sitte zu verstoßen, gemacht werden.

Die weitere Rechtfertigung dieser Auslegung gegenüber der anscheinend widersprechenden Fassung des Gesetzes liegt auf sprachlichem Gebiete; und die folgenden Bemerkungen, zu welchen wir hierdurch genöthigt sind, haben dieselbe Bedeutung für die in betreff der condictio indebiti § 814 gewählte Ausdrucksweise, wie für die ganz gleichlautende Bezeichnung der privilegirten Schenkungen.

Bekanntlich umfaßt der römische Ausdruck mores, — das gewohnheitsmäßige Verhalten, — drei Gebiete, welche die deutsche Sprache scharf unterscheidet, nämlich: 1. das der Sitte gemäße Verhalten, 2. das sittliche Verhalten, und 3. das Gewohnheitsrecht. — Jhering[49] hat es als besonders rühmenswerthen Fortschritt der deutschen Sprache hervorgehoben, daß sie zuerst zwischen Sitte und Sittlichkeit scharf unterschieden habe. Auf die Sitte beziehen sich die Ausdrücke: „sittsam", „gesittet" und als Gegensatz: „Unsitte"; auf die Sittlichkeit des Adjektiv „sittlich" und als Gegensatz: „Unsittlichkeit". „Sitte" schlechtweg bedeutet nach deutschem Sprachgebrauch soviel als gute Sitte. —

Diese Ausführungen bedürfen in mehrfacher Hinsicht einer Berichtigung und Vervollständigung.

1. Nachdem schon die griechische Philosophie (Aristoteles) den Unterschied zwischen dem bloß gewohnheitsmäßigen Verhalten (ἔθος) und dem der Gewissenspflicht entsprechenden Verhalten (ἦθος) markirt hatte, kamen zuerst in Rom (anscheinend durch Cicero), sodann im mittelalterlichen Latein die Worte moralis, moralitas im Sinne von sittlich, Sittlichkeit (ἦθος) in Gebrauch; allerdings nur ein Nothbehelf, da die Begriffe „mores" und „Sittlichkeit" sich keineswegs decken, wie wir gesehen haben.[50] — Die römischen Juristen dagegen hatten ihren besonderen Sprachgebrauch. Sie bedienten sich für Sittlichkeit der Worte „boni

48) S. namentlich Prot. II S. 36 f.; IV S. 239, 257 f.; 549, 559; 760; V S. 97 f, 102 f., 109 ff.; S. 276—280, 528; 596.

49) Der Zweck im Recht II S. 50 ff.

50) S, W. Wundt Das Sittliche in der Sprache, in der Deutschen Rundschau Bd. 47 (1886) S. 80 ff. und Ethik S. 19 ff.

mores" (auch honestas), für Unsittlichkeit der Worte „contra bonos mores" (auch turpitudo).[51]

2. Erst in der neuhochdeutschen Sprache haben sich die Worte: sittlich, Sittlichkeit, Unsittlichkeit in unserm heutigen Sinne — als begrifflich verschieden von Sitte, gesittet, sittsam — herausgebildet. Nunmehr besaß man den römischen Ausdrücken „boni mores" und „contra bonos mores" entsprechende neuhochdeutsche Worte. Daneben aber blieb als gleichbedeutend, namentlich auch in der Gesetzessprache die frühere (romanistische) Ausdrucksweise „gute Sitte" und „gegen die gute Sitte" im Gebrauch.[52]

Selbstverständlich ist, soweit in Gesetzen und in der Rechtspflege die Begriffe „sittlich", „unsittlich" als normgebend verwendet werden, darunter weder ein „soziales Ideal" noch Charakter und Gesinnung des Einzelnen zu verstehen, sondern lediglich das dem Normalgewissen, der Gesinnung des gewissenhaften Mannes entsprechende äußere Verhalten.

Auch in dieser Beziehung ist die „Sittlichkeit" mit den „guten Sitten" identisch.[53] Erst bei Abfassung des B.G.B. hat sich die Auffassung

---

51) Reiche Quellennachweise s. bei Lotmar Der unmoralische Vertrag. S. 117 ff. Anm. 20 ff. Wundt Das Sittliche in der Sprache a. a. O. S. 82 bemerkt, in Zusammensetzungen, wie sittenlos, Sittenverderbniß u. dgl. sei der Begriff des Sittlichen auf das Wort Sitte zurückübertragen. In der im vorigen Jahrhundert vielgebrauchten Redensart: „ein Mann von guten Sitten" seien die „boni mores" der Römer nicht zu verkennen. — Ueber die Entwickelung des sittlichen Bewußtseins ebenda S. 89 ff.

52) S. z. B. das Sächs. B.G.B. §§ 1540—1544; Dresdner Entw. eines gemeinsamen Gesetzes über Schuldverhältnisse (1866) Art. 3, 110, 111, Art. 993—995. Im Badischen Landr. (1809) Satz 6 und Satz 1131, 1133 ist der entsprechende Ausdruck des code civil „contraire aux bonnes moeurs" correct durch „der Sittlichkeit entgegen" wiedergegeben.

53) Darüber war man anscheinend nicht im Klaren, als der in zweiter Lesung gestellte Antrag (Prot. I S. 125) abgelehnt wurde, im § 138 B.G.B. (ein Rechtsgeschäft, das gegen die guten Sitten verstößt, ist nichtig), statt „gute Sitten" zu sagen „Sittlichkeit". Dies ergiebt die Motivirung des Beschlusses und seine Rechtfertigung durch Planck und Rehbein. Ersterer sagt (Bürgerliches Gesetzbuch I S. 190), durch obige Fassung werde darauf hingewiesen, daß das jeweilige Volksbewußtsein, nicht diese oder jene theoretische Ansicht über die Anforderungen der Sittlichkeit entscheidend ist. Rehbein (Das bürgerl. Gesetzb. mit Erläuterungen I S. 182) rechtfertigt den Beschluß dadurch, daß die Sittlichkeit nicht Gegenstand einer Rechtsnorm des Verkehrs sein könne. Dies ist nur dadurch zu erklären, daß Rehbein unter Sittlichkeit hier „die innere Gesinnung des Einzelnen" versteht. Denn die Sittlichkeit im objektiven Sinne kommt als Norm nicht nur in den älteren Gesetzen, sondern auch im B.G.B. selbst vor, z. B. §§ 618, 1568, 1575,

geltend gemacht, als handle es sich bei diesen beiden Ausdrücken um verschiedene Begriffe. Dadurch ist eine schwer zu beseitigende Verwirrung entstanden,[54] auf welche näher einzugehen, einer andern Gelegenheit vorbehalten bleiben muß.

3. Ein weiterer Grund der Sprachverwirrung liegt darin, daß die Moralphilosophie nicht, wie die Gesetzgebung und Rechtswissenschaft, zwingende Gründe hat, zwischen Sitte und Sittlichkeit zu unterscheiden.[55] Sie unterscheidet nur zwischen Moral und Recht. Im Gegensatz zu den auf wechselnden Zweckmäßigkeitsgründen beruhenden und durch staatlichen Zwang aufrechterhaltenen Rechtsnormen stehen die von äußerem Zwange unabhängigen, relativ unabänderlichen Sittlichkeitsnormen. Für diese hat aus dem angeführten Grunde die Moralphilosophie die Ausdrücke: „Sittengesetz", „Sittenpflicht" beibehalten. Die „Sittenlehre" handelt von der dem Ideal zustrebenden Sittlichkeit als einem Erzeugnisse der menschlichen Natur.

Diese dem Gebiete der Ethik eigenthümliche Ausdrucksweise richtet unfehlbar Verwirrung an, wenn sie in die Rechtswissenschaft hineingebracht wird, wie dies neuerdings vielfach geschehen ist. So werden z. B. in den Motiven (I S. 202) die Ausdrücke: „Sittenpflichten" und „Sittlichkeit", sittenwidrig" und „vom Standpunkte der Sittlichkeit verwerflich"

1611 Abs. 1, 1666, 2333⁵, 2335, 2336. S. auch G.V.G. § 173; Strf.G.B. §§ 171 bis 184; H.G.B. § 71³, § 77 Abs. 3.

54) Man vergleiche die Erläuterungen von Lotmar, Steinbach, Planck, Rehbein, Cosack und Schollmeyer, so wird man sehen, daß jeder den in der vorigen Anm. erwähnten Beschluß zweiter Lesung und folgeweise auch den § 138 B.G.B. anders auslegt. — Endemann, Lehrbuch (3. Aufl. 1897) I S. 436, 319 billigt den Beschluß ausdrücklich, nachdem er vorher erklärt hat, derselbe sei zwar von „unbekannter Spannweite", aber man müsse das Beste hoffen. In der Kritischen Vierteljahrsschrift Bd. 41 (1899) S. 524 sagt er, die „guten Sitten" seien durchaus nicht identisch mit Sittlichkeit oder Moral, sie weisen auf die juristisch gefestigten und durch praktische Rechtsübung anerkannten und zugleich umgewandelten Sitten hin. Die juristische Reception und den Inhalt dieser Sitten festzustellen sei Aufgabe des Richters.

55) Als Probe dienen folgende Stellen aus Paulsen, System der Ethik (4. Aufl. 1896) S. 319: „Ursprünglich gebietet die Pflicht, der Sitte gemäß zu leben. Unser Sprachgebrauch hält diese Anschauung fest, wenn er das pflichtmäßige Verhalten sittlich, das pflichtwidrige unsittlich nennt. Wir können also sagen, die Pflicht ist bekleidet mit der Autorität der Sitte." Ferner S. 335 ebenda: „Wir erklären das Gewissen in seinem Ursprunge als das Bewußtsein von der Sitte oder das Dasein der Sitte im Bewußtsein des Individuums." — Ebenso Paulsen, Einleitung in die Philosophie (1893) S. 208. — S. auch Brockhaus, Konversationslexikon (14. Aufl. 1895) sub v. Sitte: „Die dem Sittengesetze gemäße Handlungsweise heißt sittlich oder sittlich gut."

abwechselnd gebraucht. So spricht Endemann[56] von dem „höhern Sittengesetze“, das auch in Rechtsangelegenheiten alle binde. — Durch diese unvorsichtige Vermengung des ethischen mit dem juristischen Sprachgebrauche wurde einer Verwechselung der sozialen Pflicht, nicht gegen die Sitte zu verstoßen, mit einer sittlichen Pflicht Vorschub geleistet, wie wir solche im B.G.B. nunmehr vor uns haben.

Nach dem Gesagten würde sich die in § 814, sowie in dem die privilegirten Schenkungen betr. §§ 534, 1446 u. s. f. gewählte Ausdrucksweise zur Genüge schon dadurch erklären, daß man die „moralische Verbindlichkeit“ (Th. I Tit. 16 § 178 Allg.Pr.Ldrechts) — wörtlich aber unrichtig — durch „sittliche Pflicht“ übersetzt und in Folge der in der Ethik gebräuchlichen Terminologie angenommen hat, die „sittliche Pflicht“ sei identisch mit der Sittenpflicht,[57] als der sozialen Pflicht, nicht gegen die Sitte zu verstoßen.[58]

Noch näher indessen liegt vielleicht eine andere Erklärung.

Wenn ein deutscher Gesetzgeber die Berücksichtigung der Sitte als Norm aufstellt, so versteht es sich nach dem Sprachgebrauche und dem Zwecke der Gesetzgebung von selbst, daß unter „Sitte“ nicht schlechte Sitte (Unsitte), sondern gute Sitte gemeint ist und nur eine in dem interessirenden Kreise als herrschend anerkannte gute Sitte.

---

56) A. a. O. S. 434 Anm. 2. Auch Baron, Pandekten § 58 bezeichnet die unsittlichen Rechtsgeschäfte als „durch das Sittengesetz“ verboten.

57) In dem Prot. V S. 102 findet sich gegentlich die Wendung „sittliche und Anstandspflicht“. Gemeint ist m. E. „Anstands- und Sittenpflicht“, letztere aber im juristischen nicht im moralphilosophischen Sinne. — In einer kürzlich erschienenen Schrift von A. Engelmann, Oberlandesgerichtsrath zu Breslau (Das Deutsche Handels-, Wechsel- und Seerecht 1899 S. 6 wird die Verkehrssitte im Sinne der §§ 157, 242 B.G.B. definirt als „das, was der redliche des Geschäftslebens kundige Mann für anständig und sittlich hält“. Hier ist sittlich im Sinne von „der Sitte gemäß“ gebraucht. Dies ist zwar nach heutigem Sprachgebrauche nicht zulässig, aber geschichtlich läßt sich die Neigung dazu erklären. Im Mittelhochdeutschen bedeutete „sitelich“ in der That soviel als: der Sitte gemäß (M. Lexer, Mittelhochdeutsches Taschenwörterbuch 2. Aufl. Leipzig 1881, Wundt, Ethik S. 21). Im Neuhochdeutschen fehlt es an einem entsprechenden Eigenschaftswort; denn „gesittet“ und „sittsam“ werden in einem engeren Sinne gebraucht für feines Benehmen bezw. bescheidene Zurückhaltung.

58) Rücksicht auf die Landessitte zu nehmen wird in zahlreichen Sprüchwörtern empfohlen, z. B. „Si fueris Romae, Romano vivito more, si fueris alibi, vivito sicut ibi.“ „Homme doit vivre selon le pays, ou il est.“ „Paese dove vai, fà come vedrai.“ „Des Landes Sitten und Gewohnheit soll man halten.“ „Wohin man kommt, da soll man halten des Landes Sitten und der Alten.“ „So manch Land, so manche Sitt', wer werth sein will, der mach' es mit.“ Wander, Deutsches Sprüchwörterlexikon (1870) II S. 1763 ff.

Die Antragsteller aber, welche die jetzige Fassung der in Rede stehenden §§ in Vorschlag brachten, glaubten, jenen u. E. selbstverständlichen Sinn von „Sitte" noch besonders zum Ausdrucke bringen zu müssen und wählte zu diesem Zwecke statt der „guten Sitten" die Worte „sittliche Pflicht". Dagegen wurde nichts erinnert, weil ja an andern Stellen des Gesetzbuchs durch „gute Sitte" der Begriff „sittlich" im objektiven und subjektiven Sinne wiedergegeben worden war.[59] So trat unvermerkt ein gebieterisches Soll (die sittliche Pflicht) an Stelle des Ist (der thatsächlich herrschenden Sitte).

Ein terminologischer Mißgriff lag aber hierin insofern vor, als

a) in Folge der Uebersetzung einerseits von Sitte durch „sittliche Pflicht" andrerseits von Sittlichkeit durch „gute Sitte" eine Begriffsverwirrung fast unvermeidlich eintreten mußte, und auch bereits eingetreten ist;

b) in der Rechtssprache die Begriffe „Sitte" und „Sittlichkeit" auseinandergehalten werden müssen, aus dem im Eingange dieser Abhandlung (S. 6) angedeuteten Gründen.

Endlich giebt es, wie schon erwähnt

c) Unsitten, welche als unsittlich, als Verstoß gegen sittliche Pflicht theils überhaupt nicht, theils wenigstens zur Zeit nicht qualifizirt werden können.

Nach alledem gelangen wir zu einem Schlußergebnisse, welches der Leser wohl längst vorausgesehen hat und das uns in der That als unausweichlich erscheint.

Man wird annehmen müssen, daß der Gesetzgeber sich im Ausdrucke vergriffen hat; daß die von ihm in den besprochenen Vorschriften gebrauchten Worte keinen andern Sinn haben, als:

Schenkung bezw. Leistung, durch welche einer auf Anstand und Sitte zu nehmenden Rücksicht genügt wird.[60]

---

59) Nämlich in §§ 138, 817, 819, 826 B.G.B. — S. auch Preuß. Gesinde-Ordng. v. 8. Nov. 1810 §§ 138, 139. — Charakteristisch für das im Texte Gesagte ist ein Ausspruch von Hoelder, Kommentar zum Allgem. Theil des B.G.B. München 1900 S. 305 in seinen tiefsinnigen Erläuterungen zu § 138 B.G.B. Er sagt: „Einen Verstoß gegen die guten Sitten begeht, wer einer sittlichen Pflicht zuwiderhandelt, der zu genügen Sitte ist."

60) Nach Dernburg Das bürgerliche Recht ꝛc. II S. 11 unterscheiden sich die im § 534 bezeichneten Schenkungen von unvollkommenen (klaglosen) Verbindlichkeiten dadurch, daß sie nicht wie diese wahre Erfüllung einer Schuld bilden. — Er bezeichnet sie als solche, welche nach Anstand und Sitte gewährt werden. Den Ausdruck „sittliche Pflicht" hat er vermieden.

Lippert & Co. (G. Pätz'sche Buchdruckerei), Naumburg a. S.

FSC
www.fsc.org
MIX
Papier | Fördert gute Waldnutzung
FSC® C083411

Kolibri 360 GmbH
Ferdinand-Jühlke-Straße 7
99095 Erfurt, Deutschland
produktsicherheit@kolibri360.de